Morgen sind wir klüger

Morgen sind wir klüger

Rolf Theuring

MORGEN SIND WIR KLÜGER

Die Zukunft aus der Nähe betrachtet

Über Mobilität, Geld, Schmuck, das Gespenst Alkohol,
Sommerzeit, den Himmel und andere

Mysterien unserer Zeit

© 2022 Rolf Theuring

Herstellung und Verlag: BoD - Books on Demand, Norderstedt

ISBN 9-783754-346174

Inhalt

Wer morgen klüger sein will als heute,
der muss neugierig und wissbegierig sein.

Das Erlebnis von heute ist die Erfahrung von morgen.

Die Jungen haben keine Ahnung
und die Alten wissen es auch nicht besser.

Es gibt wichtige und unwichtige Dinge im Leben, die von Menschen erdacht und gemacht sind. Sie begleiten uns tagaus tagein. Einige zufällige Beispiele werden im Folgenden vorgestellt. Wohin sich die Dinge entwickeln, das weiß niemand ganz genau.

Carl Benz und Gottfried Daimler haben nie im Stau gestanden

Das war eine ereignisreiche Zeit. Die Mobilität war in aller Munde. Es gab bereits die Eisenbahn. Wer es sich leisten konnte, besaß ein Fahrrad. Und wer sich noch mehr leisten konnte, der fuhr mit der Kutsche. Doch es kam noch schöner. Findige Köpfe ersetzten die Segelschiffe durch Dampfer. Andere bemühten sich, es den Vögeln gleichzutun. Sie erhoben sich in die Lüfte. Das Flugzeug wurde erfunden. Das ist noch gar nicht lange her. Es war ungefähr in der Zeit, als meine Eltern geboren wurden.

Carl Benz und Gottfried Daimler erfanden den selbstfahrenden Wagen. Das war eine Kutsche ohne Deichsel, aber mit Motor. Heute weiß jedes Kind, dass ein Auto anders aussieht. Damals war seine Erfindung eine Pioniertat. Die motorgetriebenen Fahrzeuge erschienen 1885/86 erstmals in der Öffentlichkeit. Der von Benz so genannte Motorwagen fuhr auf drei Rädern. Der Wagen von Daimler war eine umgebaute Kutsche. Nur die Deichsel fehlte.

Als bahnbrechend haben sich die Verbrennungsmotoren von Diesel und Otto erwiesen, die das Auto jahrzehntelang am Laufen gehalten haben. Der beste Automotor wartet freilich immer noch darauf erfunden zu werden.

Welche rasante Entwicklung der Automobilbau im vorigen Jahrhundert nehmen würde, das hat auch mein Vater in seiner Kindheit nicht geahnt. Es war in den ersten Jahren des vorigen Jahrhunderts, als „das erste Auto bei uns im Dorfe auftauchte. Es gehörte dem Landarzt… Es war ein offenes Dreiradauto mit Kettenantrieb. Da der Motor beim Kurbeln nicht anspringen wollte, … holte er alles, was an Jungen erreichbar war, zum Anschieben zusammen, und mit einer großen Rauchwolke und lautem Geknatter fuhr das Auto dann davon.“

Es stellte sich bald heraus, dass Autos in verschiedenen Bereichen des täglichen Lebens sehr viele Interessenten fanden: im Personenverkehr, im Güterverkehr und im Militärwesen. Es war bequemer, leichter und schneller geworden, statt eines Pferdegespanns ein Auto zu benutzen. Auf diese Vorteile wollte jetzt keiner mehr verzichten.

So kam es letzten Endes, dass der nicht an das Pferdegespann gebundene Straßenverkehr eine schnelle Entwicklung nahm. Auch der individuelle Personenverkehr folgte diesem Trend. Wer früher auf Schusters Rappen oder auf das Fahrrad angewiesen war, gab sich nicht mal mehr mit der Eisenbahn zufrieden, zumal die Bahn nicht überall hinfährt. Immerhin blieb die Eisenbahn der stärkste Konkurrent des Kraftverkehrs.

Das Auto ist heute des Menschen liebstes Kind. Noch hat nicht jeder ein eigenes Auto. Auch auf die Gefahr hin, dass nicht alle ein Auto besitzen möchte, kommen immer mehr Autos auf den Markt. Die Autoindustrie ist bei uns mittlerweile zum führenden Industriezweig geworden.

Jetzt ist etwas eingetreten, was für Benz und Daimler nicht vorstellbar war. Autos sind in vielen Städten zur Plage geworden. Die Suche nach einem Parkplatz für das eigene Auto ist etwas für starke Nerven. Auf Autobahnen und

Landstraßen sind erzwungene Aufenthalte durch Stau keine Seltenheit.

Wie es heißt, wird an der Bewältigung dieses von Menschenhand geschaffenen Verkehrsproblems seit langem gearbeitet. Parkhäuser und Tiefgaragen wie auch ausgetüftelte Verkehrsleiteinrichtungen sollen das Problem des Parkens und des Verkehrsflusses lösen helfen. Und die Zahl der Autos auf den Straßen wächst.

Kann die Verkehrsproblematik mit den herkömmlichen Mitteln überhaupt gelöst werden? Es gibt Möglichkeiten, diesen Problemen beizukommen. Es fragt sich nur, um welchen Preis. Die bisher geübte Praxis der Kombination mehrerer Möglichkeiten zur Lösung des Verkehrsproblems stößt auf eine wachsende Skepsis. Brauchen wir mehr Straßen oder weniger Autos? Vielleicht machen es auch schon kleinere Autos. Oder wir entscheiden uns letzten Endes doch noch für <u>eine mäßigere Nutzung von Kraftfahrzeugen</u>.

Danach bleibt noch der jetzige unbefriedigende Zustand als beste Lösung, es sei denn, man hält sich an das weise Wort:

Die Wahrheit liegt oft in der Mitte.

Der Schuh braucht einen Absatz

Barfuß laufen sei gesund wie es heißt, und das stimmt. Wer an einem sommerlichen Sandstrand nicht barfuß läuft, dem ist nicht zu helfen. Barfuß laufen ist ein Genuss.

Nicht überall ist Strand. Die Umweltbedingungen zwingen den Menschen häufig, vom barfüßigen Laufen abzulassen und seine Füße mit Schuhen gegen Umwelteinflüsse zu schützen.

Wir alle haben einmal barfuß angefangen, unsere Vorfahren genauso wie wir auch, denn barfuß sind wir auf die Welt gekommen. Respekt allen unseren Zeitgenossen, die imstande sind, lange Strecken immer noch barfuß zurückzulegen.

Der aufrechte Gang der Menschen hat bewirkt, dass die Füße und Beine den Körper allein tragen und der Mensch nicht mehr „auf allen Vieren" läuft. Deshalb müssen die Füße sorgsam gepflegt werden. Wir sind uns   dieser Aufgabe bewusst.

Vor undenklichen Zeiten ihrer Entwicklung ging es den Menschen wohl hauptsächlich darum, den Körper beim Stehen und Gehen im Gleichgewicht zu halten, die Unebenheiten des Bodens unter den Füßen so gut wie möglich zu überbrücken und die Füße vor den Unbilden der Witterung, vor Tieren und vor hinderlichem Pflanzenwuchs zu schützen. Die Menschen konnten sich bis dahin nur auf festgetretenen Pfaden und sauberen kleinen Hofflächen vor ihren Behausungen halbwegs sicher bewegen. Jeder Schritt in die ungewisse Natur war mit Gefahren verbunden.

Was ich jetzt im Zeitraffertempo erzählen möchte, sind vorwiegend Vermutungen. Kein Mensch weiß nämlich genau, wann und wie der Schuh erfunden wurde. Die Geschichte des Schuhs beginnt später.

Pfiffige Leute gleich welchen Geschlechts waren darauf gekommen, sich die Felle von erlegten Tieren, um die Füße zu wickeln. Auch Geflechte aus Pflanzenfasern und Blättern konnten hilfreich sein. Vielleicht hat es hier und dort noch ein dünnes Moospolster unter der Fußsohle gegeben. Eine Lösung des Problems war dies freilich nicht, denn die verwendeten Materialien waren allzu schnell verschlissen.

Man kann es sich heute kaum noch vorstellen, dass aus den primitiv gegerbten Fellen von damals später einmal hochwertige Lederschuhe werden sollten. Und doch ist es so gekommen, dass im Laufe vieler Generationen eine Fußbekleidung entstand, die mit einer Art von Schnürsenkel zugebunden wurde und der man in späterer Zeit in manchen Gegenden die Bezeichnung Bundschuh gegeben hat. Die Fellstücke, die man zum Schutz der Füße vor Stolpersteinen, Stacheln, Kälte und Nässe um die Füße gewickelt hatte, wurden schließlich zur weit verbreiteten Fußbekleidung für die Bevölkerung, die ja vorwiegend auf dem Dorf lebte. Schuhe im heutigen Sinn waren das noch nicht.

Der Schutz der Fußsohle war von Anfang an das wichtigste Anliegen der Menschen. Da sie in unterschiedlichen klimatischen Verhältnissen leben, konzentrierte sich die Aufmerksamkeit der Menschen in den tropischen und subtropischen Ländern hauptsächlich auf den Schutz der Fußsohle. Wie sollte man die Schuhsohle an der Fußsohle befestigen, ohne den Fuß zu umhüllen? Klebstoff schied aus mehreren Gründen aus.

Die Erfindung der Sandale war nicht nur eine Leistung menschlichen Erfindergeistes. Mit ihr beginnt auch die Geschichte der neuzeitlichen menschlichen Fußbekleidung.

Die Sandale ist ein Bekleidungsstück, das alle Zeiten der menschlichen Zivilisation überdauert hat. Sie wird heute noch getragen wie vor fünftausend Jahren. Die Erfindung der Sandale war der erste Schritt zur heutigen Fußbekleidung. Sie ist nicht an einem einzigen Tag und Ort entstanden.

Was wir heute als Exponate früher Sandalen in Museen betrachten, sind die Ergebnisse langjähriger Bemühungen von Erfindern, Tüftlern und Handwerkern um die Befestigung einer Schuhsohle am Fuß.

Der Fertigung einer brauchbaren Sandale waren unzählige vergebliche Versuche vorausgegangen. Der Schuhmacher hatte mehr Zuschauer als Gehilfen.

Wie kam man zu geeigneten Werkzeugen und Material für die Herstellung einer Sandale? Wie musste neben der Sohle selbst das Befestigungsmaterial beschaffen sein? Und im Übrigen: zur Verfügung standen nur Blätter, Pflanzenfasern und die Abfälle tierischer Produkte, zum Beispiel Tierhäute. Ideen wurden gebraucht.

Es gab immer wieder Ideen, an deren Umsetzung viele Meister dieses Faches beteiligt waren. Alle Stücke waren Unikate, und von Hand gemacht durch Leute, die Dreifuß und Pfriem wohl noch nicht kannten. Die erste Sandale war eine hervorragende Leistung in frühgeschichtlicher Zeit. Sie ist der erste Schuh, den die Menschen geschaffen haben. Man darf mit den Augen von heute freilich nicht so genau hinsehen, denn die ersten Modelle waren gewiss noch nicht salonfähig.

Die Sandale ist in Afrika, Indien und China zuerst entstanden und hat sich über den Mittelmeerraum bald bis nach Europa ausgebreitet. Sie hat Einflüsse orientalischer Kulturen mit sich gebracht.

Die Sandale ist älter als die Kulturen der Weltregionen. Sie hat ihren Siegeszug in der Welt von damals angetreten, als es gelungen war, die Schuhsohle an der Fußsohle zu befestigen. Dabei haben regionale Einflüsse mitgewirkt.

Das Umfassen des Fußes mit Fäden, Lederriemchen und Pflanzenfasern waren der Ausgangspunkt der weiteren Entwicklung. Kluge Köpfe schufen nach und nach verschiedene Arten von Sandalen. Dazu gehören auch Pantoffeln, Pantinen, Holzpantoffeln und Badelatschen. Sogar Holzschuhe reihen sich hier ein.

Wenn wir von Sandalen sprechen, dann fallen uns auch gleich die Sandaletten und Pantoletten ein. Sie gehören freilich wegen ihrer Absätze in eine spätere Entwicklungsphase des

Schuhs. In späterer Zeit tauchen auch Sandalen auf, deren Sohlen mit Klötzen unterlegt wurden.

Vom Stelzschuh zur Trippe war es nun kein allzu weiter Weg. Doch was sind das für seltsame Bilder, die sich hinter diesen Bezeichnungen verbergen?

Die Fußbekleidung wurde schon immer den klimatischen Verhältnissen angepasst, in denen er getragen wird. Das betrifft den Bundschuh genauso wie die Sandale. Der Schuh hatte von Anfang an die Aufgabe, die Fußsohle zu schützen und den Fuß soweit wie möglich vor Hitze und Kälte zu bewahren. Doch die Ansprüche der Menschen wuchsen. Konnte man dem Schuh nicht noch mehr abverlangen?

Man konnte doch bei Bedarf mit den Schuhen die eigene körperliche Gestalt größer erscheinen lassen als sie wirklich ist. Wer größer sein will, der benutzt Stelzen. Das haben wir in der Kinderzeit auch gemacht. Was wir als beliebtes Kinderspielzeug benutzt haben, waren freilich keine Stelzschuhe, sondern verlängerte Krücken.

Stelzenschuhe waren anfangs gewiss nur Schuhe mit besonders dicken Sohlen. Die gefielen manchen Damen der damaligen gehobenen Gesellschaft. Prinzipiell sind diese Schuhe wohl den <u>Kothurnen</u> ähnlich gewesen, die im griechischen Altertum von Schauspielern bei Theatervorstellungen getragen wurden. Die besaßen sehr dicke Sohlen oder gar Klötze unter den Füßen. So konnten sie von den Zuschauern auf den Rängen besser gesehen und in ihren Bewegungen verfolgt werden.

Es war wie bei jeder Mode. Auch bei den Stelzenschuhen kam es sehr bald zu Übertreibungen. Die Übertreibungen bestanden darin, dass die Sohlen an den Schuhen mancher Damen zu regelrechten Türmen anwuchsen, auf denen sie ohne Hilfe gar nicht mehr stehen und gehen konnten. Sie machten sich lächerlich. Damit war auch das Schicksal der Stelzenschuhe besiegelt.

Es fiel auf, dass immer häufiger Schuhe aus orientalischen Ländern nach Europa gelangten, unvergleichlich geschickter gemacht als der nur auf Zweckmäßigkeit orientierte Bundschuh europäischer Herkunft. Unter den verschiedenartigen Modellen fiel eins ins Auge. Das machte sich unter der Bezeichnung <u>Schnabelschuhe</u> einen besonderen Namen. Es war ein leichter Schuh mit dünner Sohle und wie alle anderen Schuhe auch ohne Absatz. Neben einer reichen Ausschmückung hatte er eine erheblich verlängerte

Schuhspitze, die ihm seinen Namen gab. Obwohl er wie jede Übertreibung zur Lächerlichkeit gedieh, war alle Welt davon begeistert, allen voran die feinen Leute. Die Begeisterung bekam aber schnell einen Dämpfer.

Es ist bekannt, dass der Zustand der Straßen und Plätze vieler Städte und Ortschaften im Mittelalter sehr zu wünschen übrigließ. Die meisten Straßen waren ungepflastert. Sie waren oft genug Ablagerungsort für Unrat und Abwasser aus den anliegenden Grundstücken. Hinzu kam das Regenwasser, für das es keine Kanalisation gab. All dies blieb auf den Straßen liegen und verbreitete auch noch üble Gerüche, bis es sich in Schlamm verwandelte und festgetreten wurde. Das alles war Gift für gutes Schuhwerk. Die dünnen Sohlen verschlimmerten das Problem nur noch mehr. Es musste eine generelle Lösung gefunden werden.

Betroffen von diesem Dilemma waren insbesondere diejenigen Städter, die in Schuhen mit dünnen Sohlen daherkamen. Viele meinten, dass <u>Trippen</u> hierfür die beste Lösung seien.

Die Trippen waren ins Gespräch gekommen, als sich herausgestellt hatte, dass die Verstärkung der Sohlen durch Holzsohlen nicht möglich war. Die leichten Schuhe konnten das Gewicht der Holzsohlen nicht tragen.

Anfangs waren die Trippen einfache hölzerne Überschuhe, in die man mit leichten Schuhen hineinschlüpfte. Sie besaßen unter einer verstärkten Sohle auch noch zwei hölzerne Stege oder Klötze, je einen unter dem vorderen und hinteren Teil der Sohle. Wenn man in diese Überschuhe hineinschlüpfte, war man mindestens zwei Zoll größer und weiter vom Schmutz der Straße entfernt. So konnte man mit größerer Wahrscheinlichkeit dem Schmutz der Straße entgehen. Aber sie waren eben nur für die Straße geeignet und nicht für die Wohnung.

Die Sage von den hohen Schuhen

Sagen sind Halbwahrheiten, so auch die Sage von den hohen Schuhen. Der Schuster des Ortes, dessen Namen ich mir leider nicht gemerkt habe, hatte einen erfolgreichen Tag. Er wurde an diesem Tag vom Schuster zum Schuhmacher. Wie konnte das geschehen?

Der Gemeindeschuster hatte ein Paar Trippen angenommen, die er ausbessern sollte. Er sollte die Sohlen teilen und zwei lederne Scharniere einbauen. Damit würde das Gehen merklich bequemer. Die Klötzchen vorn und hinten unter der Holzsohle waren ungefähr zwei Zoll hoch. Er hatte Sohlen und Klötzchen zum Schluss frisch poliert und fand sein Werk recht gut gelungen. Als sich das vordere Klötzchen einer Trippe plötzlich löste und zu Boden fiel, wollte der Schuster schon über sein Ungeschick schimpfen. Seine Frau hatte ihm über die Schulter zugesehen und sagte ganz begeistert zu ihm: „Du bist ja sehr erfinderisch. Lass mich die Trippe mal anprobieren." Sie konnte damit gut auftreten, freilich war es etwas ungewohnt. Sie wünschte sich von ihrem Mann ein solches Paar Trippen „aber nur mit einem Klötzchen an der Ferse".

Er musste ein neues Paar Trippen für seine Frau anfertigen und an ihren Schuhen befestigen. Beide waren zufrieden: Er war zum wirklichen Schuhmacher geworden und seine Frau trug die ersten hohen Schuhe der Welt.

Sagen bedürfen keines Nachweises und erscheinen dennoch recht glaubwürdig. In jeder Sage, auch in der unsrigen, steckt ein Körnchen Wahrheit.

An der Verbesserung unserer Sage wird noch gearbeitet. Doch das Bild der Frau ist wirklichkeitsnah. So sind sie nun mal. Deshalb soll im Weiteren hauptsächlich von den Schuhen der Frauen die Rede sein, ohne die Schuhe der Männer ganz aus den Augen zu verlieren.

Es ist gut zu wissen, dass der Absatz am Schuh Sinn hat. Doch welchen Sinn hat er wohl? Das machen jahrhundertelange Erfahrungen deutlich. Seit die Schuhe der neueren Zeit einen

Absatz bekommen haben, sind mehr als fünfhundert Jahre vergangen. Er hat seither viele Entwicklungsstufen mitgemacht. Man hat seit seiner Erfindung nie auf ihn verzichtet. Das muss wohl gute Gründe haben.

Der Absatz am Schuh ist ein Bestandteil der Fußbekleidung der Menschen geworden. Wie er beschaffen ist und ob er flach, niedrig oder höher ist, das richtet sich nach den Umständen und liegt im Ermessen der jeweiligen Person.

Die Anhebung der Ferse durch den Absatz bewirkt einen festen, sicheren Auftritt und eine aufrechtere Körperhaltung. Der Schritt wird etwas kürzer und die Schrittzahl vergrößert sich entsprechend.

Die Erhöhung des Absatzes lässt den menschlichen Körper größer erscheinen. Der Absatz korrigiert letztendlich die Erscheinung des Menschen.

Wenn ein erhöhter Absatz als schmückendes Element empfunden wird, dann hat dies auch Einfluss auf die Befindlichkeit des Menschen. Er kann das Auftreten, die körperliche Bewegung und auch das Selbstbewusstsein positiv berühren.

Der Absatz soll stets der richtige sein

Welcher Absatz der richtige ist, das bestimmt jeder selbst. Den Absatz, der immer richtig ist, den gibt es leider nicht. Aber es gibt unzählige Anlässe und Gelegenheiten, zu denen der jeweils passende Absatz getragen wird. Und ob der Absatz, den man sich wünscht oder der empfohlen wird, der richtige ist, das bleibe dahingestellt.

Wenn Kinder laufen lernen, neigen sie häufig dazu, mit dem Fußballen aufzutreten. Und wenn Erwachsene sich zur Ruhe legen, dann nehmen ihre Füße unbewusst eine mehr oder weniger gestreckte Haltung an. Das sind merkwürdige Erscheinungen, die wohl mit der beliebtesten Fußhaltung zu tun haben. Den richtigen Absatz kann man daraus aber nicht ableiten.

Wenn nach dem richtigen Absatz gefragt wird, den zu definieren schwer ist, kommen zuerst anatomische Gesichtspunkte ins Gespräch. Die sind wichtig und sollten stets beachtet werden. Man bemüht sich darum, freilich oft mit zweifelhaftem Erfolg. Das ist ein weites Feld.

Der als richtig angesehene Absatz richtet sich nach der Ansicht, der Meinung und der Befindlichkeit der Person, die sich für oder gegen ihn entscheidet. Höhe und Breite des Absatzes sollen moderat sein. Was man unter *moderat* oder *maßvoll* versteht, bei dieser Frage scheiden sich freilich die Geister.

<u>Welcher Absatz der richtige ist, das entscheidet jeder selbst.</u>

Was es am Schuh zu messen gibt

Die alten Germanen und alle anderen hätten dich ausgelacht, wenn du sie nach der Größe ihrer Schuhe gefragt hättest. Auch die Größe von Aschenputtels Schuh hat nie zur Diskussion gestanden.

Heute kennt jeder seine <u>Schuhgröße</u> oder sogar eine Nummer kleiner. Damit es nicht zu einfach ist, wird die Länge des Schuhs nach verschiedenen Größentabellen gemessen, unter anderem nach dem deutschen und dem englischen Maß.

Die <u>Schuhweite</u> wird auch in Größen unterteilt. Da merkt man sich nur einen Buchstaben. Die meisten vergessen diesen Buchstaben. Sie probieren dann im Schuhgeschäft immer wieder Schuhe an, bis einer passt.

Die <u>Höhe des Absatzes</u> ist nicht nur vom persönlichen Wunsch, sondern auch von der Zweckmäßigkeit, vom Angebot und von der Mode abhängig. Üblich sind der flache oder niedrige und der höhere Absatz. Letzteren unterteilt man in den halbhohen oder moderaten Absatz und den hohen Absatz. Bei der Feststellung der Absatzhöhe sollte man beachten, dass der Absatz je nach der Stärke der Schuhsohle höher erscheint als er wirklich ist. Form und Höhe des Absatzes sind ein beliebter Diskussionsgegenstand.

Formen des Absatzes

Ob ein Schuhabsatz hoch oder niedrig, breit oder schmal sein soll, das ist schon immer Gegenstand eifriger, auch kontroverser Diskussionen gewesen. Da reden auch die Männer mit, nur nicht, wenn es um die eigenen Schuhe, sondern um die der Frauen geht. Ganz gleich, wer davon Ahnung hat oder nicht, sie sehen im höheren Absatz etwas der Frau Eigenes. Beim Absatz scheiden sich die Meinungen quer durch die Geschlechter.

Über die Form des niedrigen oder flachen Absatzes gibt es naturgemäß wenig zu sagen. Auch eine geringe Erhöhung fällt nicht ins Auge. Dabei ist er die am meisten getragene Absatzhöhe überhaupt. Jeder besitzt solche Schuhe, zumal viele Tätigkeiten und Aktivitäten den Schuh mit dem niedrigen Absatz verlangen. Zum Wandern trägt man selbstverständlich Schuhe mit kaum erhöhtem Absatz.

Der Schuh mit einem recht hohen Absatz hat eine andere Aufgabe. Er soll auffallen. Das kann in manchen Situationen unvermeidbar sein. Er erfüllt seine Aufgabe, allerdings um den Preis, dass er nicht ausdauernd getragen werden kann. Man trägt ihn, um sich mit ihm zu zeigen. Der sehr hohe Absatz hat ihm solche Namen eingetragen wie Stöckel, Stiletto und high heels. Seine Wirkung erreicht er mit der Höhe und der Gestaltung seiner Form einschließlich der sich daraus ergebenden Trageeigenschaften. Es fällt schwer, zu Schuhen mit diesen Absätzen ein Verhältnis zu finden. Derart hohe Absätze sollte nur tragen, wer meint dies zu müssen.

Wer gut zu Fuß ist und zur Kleidung passende Schuhe liebt, der bevorzugt oft einen Schuh mit einem moderaten Absatz. Das ist eine aus vielen Äußerungen und praktischen Beispielen gewonnene Erfahrung.

Der moderate, halbhohe Absatz hat eine ungefähre Höhe von vier bis höchstens sieben Zentimetern. Die beste Absatzhöhe des Schuhs ist immer die von der jeweiligen Person gewünschte Höhe. Dieser Absatz kann auch ein kleiner Blickfang sein. Verständlich, dass kleine Personen noch etwas mehr bevorzugen. Weniger wäre ratsam.

Ein maßvoller Absatz scheint für den Alltag genauso wie für jegliche Anlässe und Gelegenheiten geeignet zu sein. Man sieht ihn nicht nur auf der Straße, denn er passt auf seine Weise überall. Selbst beim Eiskunstlaufen wird er mit einer freilich nur kleinen Erhöhung getragen.

Zum Absatz gehört gewiss eine ansprechende Formgebung. Form und Höhe des Absatzes werden vom Auge mit einem Blick erfasst. Die Praxis hat gezeigt, dass die höheren Absätze schlank sind. Die weniger hohen Absätze sind meist etwas kompakter. So ist es häufig Brauch.

Es gibt eine Absatzform, die hier gut ins Bild passt. Das ist der Blockabsatz. Man findet ihn überall in moderater Aufmachung. Er hat mehrere Vorzüge.

Der Blockabsatz hat eine recht breite Auftrittsfläche, sodass man mit ihm sicher steht und geht. Es ist so gut wie unmöglich, mit ihm zu kippeln oder gar umzuknicken. Wenn man an ihn gewöhnt ist, spürt man ihn beim Laufen so gut wie gar nicht. Er ist also auch für längere Wege geeignet. Obwohl er auch äußerlich vielfältige Möglichkeiten der Gestaltung bietet, ist er nicht so weit verbreitet wie er es verdient hat.

Auch der Keilabsatz ist ein gefragte Absatzform. Er wird in allen Absatzhöhen getragen, vorwiegend in der gleichen Höhe, die auch den Blockabsatz auszeichnet. Es gibt ihn vorwiegend als Pantolette und Sandalette für den Sommer. Der Keilabsatz ist auch für   geschlossene Schuhe attraktiv, weil er den Mittelfuß stets sicher unterstützt. Er ist ein Geheimtipp.

Man(n) schaut hin

Als kleines Kind schlurfte er in Muttis Pumps durch die Stube. Als Halbwüchsiger zeigte er seiner Mutter, aber nur ihr, wie gut er in ihren hochhackigen Schnürstiefeletten laufen kann. Das Vergnügen war kurz. Er wuchs da schnell raus.

Vor einigen Jahrhunderten haben hohe Persönlichkeiten auch höhere Absätze getragen. Es war eine Modeerscheinung, die nicht lange erhalten blieb. In den 70er und 80er Jahren des vorigen Jahrhunderts gab es eine zaghafte Bemühung, den erhöhten Absatz für Männer wieder heimisch zu machen. Woran dieses Vorhaben scheiterte, wissen nur die Götter. An mir hat es nicht gelegen.

Der Blick der Männer auf die Schuhe der Frauen hat darunter nicht gelitten. Warum schauen manche Männer den Frauen nach? Das machen nicht alle Männer. Aber die es tun, wohin schauen sie da? Es ist nicht nur das fröhliche Klappern der Absätze auf der Straße, das ihren Blick anlockt. Sie schauen auf viel mehr als auf die Schuhe. Aber auf sie fällt ihr Blick nicht zuletzt.

Einige Männer wollen da einen Lockruf der Absätze heraushören. Viele aber erkennen im Schuhabsatz der Frau einen Schmuck, der sie ziert. Er wirkt genauso wie jeder andere Körperschmuck, den sie tragen.

Der höhere Absatz bleibt en vogue

Der höhere Schuhabsatz gibt immer Anlass zum Meinungsstreit. Die einen möchten ihn tragen, die anderen mögen ihn nicht. Dazu hört man die eine und die andere Meinung, jede mehr oder weniger motiviert. Wer den höheren Absatz mag, der trägt ihn. Viele tragen ihn nur manchmal, andere oft.

Und da ist noch die Gruppe derer, die den erhöhten Absatz nicht nur ablehnt, sondern ihn auch noch an den Füßen anderer für unerwünscht erklärt.

 Die Argumente der Befürworter höherer Absätze werden hier nicht wiederholt. Zu den Argumenten der Gegner gehören hauptsächlich orthopädische Gesichtspunkte. Daran ist ein Funke Wahrheit.

Allerdings geht ihre Kritik von der Vorstellung aus, dass der von ihnen abgelehnte erhöhte Absatz am Schuh auch schon in kleiner Abmessung zu hoch sei. Wann er überhaupt und wieviel Stunden er täglich getragen wird, das ist für diese Kritiker gar keine Frage.

Der höhere Absatz ziert

Wenn man höhere Absätze trägt, so geschieht dies nicht nur, weil man selbst Freude daran hat. Man möchte mit ihnen auch gesehen werden und seine Freude mitteilen. Das ist ein verständliches Bedürfnis, das im Unterbewusstsein schlummert und das besagt: Man ist mit sich selbst zufrieden.

Der Absatz kann auf seine eigentliche Aufgabe beschränkt sein. Er kann aber auch durch seine Form und Aufmachung auf sich aufmerksam machen.

Für alle Tage ist der moderate Absatz am Schuh in erster Linie Bestandteil eines Kleidungsstücks, von dem man neben robuster Tragbarkeit auch ein gutes Aussehen, eine gewisse Ausstrahlung erwartet.

Der Schuh hat die Aufgabe, den Fuß zu schützen und zu schmücken. Sein Absatz soll das auch und noch mehr. Er soll das Selbstbewusstsein stärken, Freude bereiten und ein kleiner Blickfang sein. Das alles macht ihn unentbehrlich.

Der Mensch kann auch ohne den Absatz leben.
Doch warum sollte er das tun?

Ein Schluck kann doch nicht schaden, sagte der Teufel

Der Appetit kommt beim Essen, mitunter auch beim Trinken. Nichts gegen das Trinken! Aber was trinken? Da ist schnell der bei der Hand, der es genau wissen muss: Nimm kein Wasser, nimm ein Wässerchen! Der Teufel macht da feine Unterschiede.

Die heimlichen Weintrinker, von denen Heinrich Heine damals sprach, sind nicht unsere Sorgenkinder, obwohl sie uns nicht geheuer sind.

Sorgen bereiten uns andere Gasthausbesucher. Es sind Zeitgenossen von dir und mir. Sie halten sich selbst für Genießer, sind aber Trinker. Sie trinken über den Durst hinaus und halten dies für ihre private Sache. Das ist es auch, hat aber eine Grenze. Die merkwürdige Verhaltensweise einer Minderheit passionierter Trinker begleitet uns seit alters her.

Man soll nicht öffentlich Wasser predigen und heimlich Wein trinken. Überall auf der Welt wird Alkohol getrunken. Manche trinken ihn heimlich, andere unheimlich. Beides macht keinen Sinn. Um allen Ängsten der braven stillen Genießer vorzubeugen, sei an dieser Stelle nur gesagt:

Das Genussmittel Alkohol wird wohl nicht abgeschafft.

Ein generelles Alkoholverbot verlangt niemand und wäre gesellschaftlich auch sinnlos. Man sollte daraus jedoch nicht folgern, dass sich die Menschen mit dem Alkohol als Genussmittel anfreunden sollen. Ist das Trinken von Alkohol ein Ausdruck menschlichen Versagens? Sollen die Menschen doch endlich ihre Unfähigkeit eingestehen, auf den Alkohol im Alltag zu verzichten? Das Thema ist höchst sensibel und wird mit Recht kontrovers diskutiert.

Man hört immer wieder von Bemühungen, den Konsum alkoholischer Getränke zu bremsen oder gar zu reduzieren. Der Erfolg hält sich in Grenzen. Die Bemühungen gehen meist nicht an die Wurzel des Übels. Strenge Regeln für die Herstellung, die Einfuhr und den Verkauf von Branntwein gibt es in vielen Ländern der Welt.

Der Konsum alkoholischer Getränke setzt das Bedürfnis der Menschen voraus, Alkohol zu trinken. Auch ist nicht jedes Getränk im gleichen Maße gesundheitsgefährdend. Warum also wird so viel über das Thema Alkohol diskutiert? Wir wollen den Dingen auf den Grund gehen.

Der Alkoholkonsum einer einzelnen Person wird oft durch deren Geldbeutel reguliert. Wer genügend Geld hat, wird auf die Qualität der Getränke achten, die er kauft. Wer wenig Geld hat, der kauft die billigen Getränke oder er hält sich mit dem Kaufen zurück. Und wer kein Geld hat, der – trinkt trotzdem. Viele Leute machen grundsätzlich einen Bogen um den Alkohol.

Doch nun zur eigentlichen Sache. Alkoholische Getränke gibt es in Hunderten von Varianten. Die Hersteller wollen für jeden Geschmack etwas anbieten. Das schreibt ihnen ihr Geschäftssinn vor.

Es ist eine uralte Tradition, alkoholische Getränke unterschiedlicher Art zu konsumieren: als Bier, als Wein und in Form von Spirituosen. Die Beliebtheit der Getränkesorten und die Nachfrage nach ihnen ist dementsprechend individuell unterschiedlich. Wir wollen etwas genauer hinsehen.

Das **Bier** wird aus Getreide unter Zugabe von Hopfen hergestellt. Es war schon im Mittelalter eine Art Volksgetränk. Das ist es bis heute geblieben. Mit einem Alkoholgehalt von etwa fünf Prozent ist es das leichteste alkoholische Getränk, das seine Abnehmer findet.

Man trinkt zunächst sein Bierchen, wie es liebevoll genannt wird, um den Durst zu löschen. Man trinkt auch noch ein zweites Glas Bier, weil das erste so gut geschmeckt hat. Ob Helles, Pilsner oder Bock macht da keinen erheblichen Unterschied. Dabei bemerkt man noch gar nicht, dass der Durst nicht vergeht, sondern größer wird.

An dieser Stelle sollte man aufhören, seinen Durst mit Bier zu löschen. Was nun noch getrunken wird, ist nicht geeignet, einen natürlichen Durst zu stillen. Die Bezeichnung „Bierchen" soll nur noch das weitere Trinken beschönigen.

Ich habe als Kind erlebt, dass man zu Hause ein Braunbier trank, dass man beim fahrenden Straßenhändler in einer Kanne kaufte, zu Hause mit Wasser verdünnte und in Flaschen füllte. Man hatte das Gefühl, Bier zu trinken, es war sehr billig und betrinken konnte man sich damit auch nicht. Es war ein Zeichen von Armut. Das war zu Zeiten, die wir uns nicht zurückwünschen.

Bier ist kein soziales Problem, solange es maßvoll getrunken wird. Man sollte sich allerdings davor hüten, dem Glas Bier noch ein Gläschen „Korn" beizugeben.

Der **Wein** wird vorwiegend aus Weintrauben hergestellt. Er war deshalb ursprünglich nur in den klimatisch geeigneten

Weinbaugebieten bekannt und wurde von dort auch exportiert. Wein hat einen mindestens doppelt so hohen Alkoholgehalt wie das Bier. Mit ihm ist also nicht zu spaßen, wenn man ihn in größerer Menge trinkt. Schon deshalb ist er gegen den Durst wohl nicht geeignet. Man trinkt den Wein eher, um in heitere Stimmung zu gelangen. Doch aufgepasst! Für schwächere Naturen kann ein zweites Glas Wein schon eins zu viel sein. Das sollte man dann lieber in der Flasche lassen.

Damit ist auch schon geklärt, dass der aus Trauben gekelterte Rotwein und Weißwein bei den Genießern die größeren Chancen hat. Beide Weinsorten haben im Obstwein eine schwache Konkurrenz gefunden.

Der Obstwein, vorwiegend Apfelwein, hat seine ursprüngliche Heimat in den Weinballons der kleinen Leute. Wer keine hohen Ansprüche stellt, kann heute noch seinen häuslichen Weinbedarf aus dem eigenen Garten decken. Das ist aber jetzt nur noch eine sehr kleine Minderheit. Der Alkoholgehalt des Obstweins liegt unter dem des Traubenweins.

Der wahre Weintrinker trinkt seinen Schoppen zu Hause oder er geht in ein Weinlokal. Er tritt als Weintrinker in der Öffentlichkeit gar nicht in Erscheinung, weil sein Weinkonsum sich in Grenzen hält. Er ist wohl eher ein stiller Zecher, der auch zu Fuß wieder nach Hause findet. Leider kann auch er zum Gewohnheitstrinker werden.

Spirituosen sind mittel- und hochprozentige alkoholische Getränke. Zu ihnen gehören hauptsächlich Liköre und Branntweine, die in einer Unzahl von Sorten hergestellt und angeboten werden. Die Liköre haben meist einen lieblichen Geschmack, denn sie sind sehr zuckerhaltig.

Beim Kosten von Branntweinen hingegen verzieht man zunächst einmal ein wenig das Gesicht und man schüttelt sich, denn es brennt etwas auf der Zunge. Doch wer hart im Nehmen ist, kann sich daran gewöhnen. Darin liegt die Tragik des Konsums von Spirituosen: Es wird immer wieder gekostet, bis es schmeckt. Es verlangt Willenskraft, sich aus diesem fehlerhaften Kreislauf wieder zu befreien.

Die Liebhaber dieser Getränke finden sich in allen Schichten der Bevölkerung. Ihr Konsumverhalten ist nicht recht durchschaubar. Es beginnt bei den Gelegenheitstrinkern, zu denen die meisten von uns gehören, und reicht bis zu den Quartalssäufern, zu denen keiner von uns gezählt werden möchte.

Der Bildungsgrad und das soziale Milieu haben keinen erheblichen Einfluss auf die Neigung der Freunde von Likör und Branntwein, dem Reich der Spirituosen immer wieder einen Besuch abzustatten. Wahrscheinlich sind einige charakterliche Schwächen im Spiel. Allerdings ergeben sich Männer in stärkerem Maße als Frauen dem König Alkohol.

Gelegentliche und notorische Trinker haben zwar nichts miteinander am Hut. Aber sie suchen fröhliche Runden, um die vermeintliche Freiheit ihrer Persönlichkeit zu genießen. Eine Vielzahl von Einzelgängern ist auch mit von der Partie. Es ist ein gespenstisches Schauspiel.

Manche trinken ein Glas Whiskey mit, um nicht als Spielverderber dazustehen. Andere schütteln sich schon beim Anblick des Getränks. Einer schmeißt auch mal eine Lage aus Sorge, als Außenseiter zu gelten. Einige von den Einzelgängern trinken nur ein Gläschen vor dem Schlafengehen. So unterschiedlich sind die Motive, wenn ich es richtig sehe.

Hier sind nur Momentaufnahmen aneinandergereiht. Doch die sozialen Folgen können verheerend sein. Sie reichen bei den Unverbesserlichen von der ständig überforderten eigenen Wirtschaftskasse über familiäre Zerwürfnisse, gewöhnliche Unfälle und geschäftliche Pleiten bis zum körperlichen und geistigen Verfall. So darf man das nicht sehen, behauptet der Teufel, ohne es zu begründen.

Es gibt wohl kaum einen erwachsenen Menschen, der nicht wenigstens einmal probiert hat, wie höherprozentiger Alkohol schmeckt. Der Alkohol enttäuscht die Neugier. Er schmeckt nach gar nichts oder nur nach dem beigegebenen Aroma. Danach macht sich freilich eine betäubende Wirkung auf den Verstand bemerkbar. Alkohol macht süchtig, leichtsinnig und dumm.

Die es betrifft, stellen diese Wirkung zunächst in Abrede. Aber sie sind schnell dabei, dem Schnaps einen freundlichen Spitznamen zu geben. Der erste Schluck aus dem Schnapsglas gilt demnach als *Spaßmacher*. Mit fortschreitendem Genuss wird er zum *Seelentröster*. Und folgerichtig resignierend endet er beim *Sargnagel,* also einer Bezeichnung, die er sich mit der Zigarette teilt. Das war schon immer so.

Man fragt sich, ob Menschen sich freiwillig oder ungewollt diesem Schicksal ergeben. Der Spaßmacher führt noch nicht in den Abgrund, auf die *via mala*. Erst die Sucht, wenn sie sich daraus ergibt, führt zum vorzeitigen Weg ins Aus.

Wenn es vom individuellen zum sozialen Problem wird, was sich hier abzeichnet, dann muss die Gesellschaft eingreifen, der Staat voran. Das ist eine Notwendigkeit, der sich bereits viele Regierungen in der Vergangenheit und Gegenwart gegenübergestellt sahen und sehen. Die Mittel, die ihnen hierfür zur Verfügung stehen, sind vielfältig. Dazu gehören zum Beispiel die Prohibition, Getränkesteuern, Verkaufsbeschränkungen und Therapieangebote. Diese Maßnahmen haben Sinn, wenn sie ausreichen, um das Problem des übermäßigen Alkoholkonsums und der daraus resultierenden Folgen aus der Welt zu schaffen.

Ein Hoch der Branntweinsteuer!

In vino veritas.

Himmel ist überall

Mit dem Himmel hat es eine eigenartige Bewandtnis. Wir sehen den Himmel aus unserer Perspektive des kleinen Erdenmenschen. Was wir da sehen, nennen wir das Weltall.

Doch damit ist es noch nicht getan. Wir sehen vom Himmel nur das, was wir mit unseren Augen und mit den besten optischen Geräten erfassen können. Was danach kommt, wissen wir nicht. Der Menschenverstand sagt uns, dass dort auch noch Himmel ist. Denn warum sollten die am weitesten von uns entfernten noch erkennbaren Sterne nur in unserer Richtung leuchten und nicht auch nach der anderen Seite?

Wir fragten uns früher, warum der Himmel mal hell und mal dunkel ist und warum wir ihn auch im Dunklen sehen. Inzwischen wissen wir, dass jeder Fixstern sein Licht selbst mitbringt. Dass der Himmel uns bei schönem Wetter blau erscheint, sehen wir als selbstverständlich an. Und warum die Nacht dunkel ist, wird wohl ihr Geheimnis bleiben. Da scheint doch unsere Sonne auch, obwohl sie am Nordpol und am Südpol von dieser Regel zeitweise abweicht.

Wir können immer mehr Fragen stellen, um den Himmel zu erforschen. Doch wir stellen fest, dass alle diese Fragen wissenschaftlich erklärbar sind.

Unsere Vorfahren hatten es wahrlich schwerer, sich ein Bild vom Himmel zu machen. Sie mussten für das, was sie nicht erkannten, eine Erklärung suchen. Für Gewitter zum Beispiel, das sich am Himmel abspielt und für das es keine Erklärung gab, machten sie die Götter oder einen davon verantwortlich. Andere Götter und Göttinnen waren unter anderem dafür zuständig, dass die Landwirtschaft, der Handel und auch die Liebe gut gediehen.

Wer die Götter bei uns erfunden hat, lässt sich nicht mehr ermitteln. Das ist auch nicht so wichtig. Die Hauptsache ist, dass sie da waren. Ob sie nun im Himmel geboren wurden oder auf der Erde, spielte keine besondere Rolle. Jedenfalls haben sie sich auch mit Menschen zusammengetan und mit ihnen Kinder gekriegt, die Halbgötter. Zeus, der oberste Gott der alten Griechen, wurde auf der Insel Kreta geboren. Seine Geburtshöhle habe ich mal besichtigt. Er kann auch in jeder anderen Höhle geboren worden sein. Und Aphrodite kam vor Zypern aus dem Meer, an der Stelle nämlich, wo heute noch ein großer Felsbrocken aus dem Wasser ragt. Die Stelle, wo es geschehen sein soll, kenne ich auch. Das Wasser ist dort das gleiche wie überall im Meer.

Heute gibt es die alten Götter nicht mehr. Erstaunlicherweise haben auch die Halbgötter keine Nachfahren hinterlassen.

Eine Frage bleibt bei aller menschlichen Neugier offen. Und die lautet: Warum kann ich den Himmel nicht anfassen? Es gibt ihn doch. Gibt es ihn wirklich? Dass es ihn gibt, steht außer Zweifel. Das beweisen uns Sonne, Mond und Sterne. Auch die Venus, unser Schwesterplanet, der sich im April immer wieder mal in unser nächtliches Bild schiebt, sollte hier erwähnt werden.

Den Himmel gibt es schon wegen der Sterne, auch wegen des Planeten Erde. Sie alle bewegen sich zweifellos am Himmel, dort, wo viele Menschen auch das Jenseits vermuten. Alle wollen schließlich in den Himmel, ohne Rücksicht darauf, was sie dort erwartet.

Hier fällt mir ein kleiner sprachlicher Trick auf, den sich unsere Sprache mit dem Himmel erlaubt. Alle einschlägig Befragten wollen <u>in</u> den Himmel und nicht <u>an</u> den Himmel. Hier betreten wir das Reich der Mysterien. Der Mensch ist an die Erde gebunden. Das ist sein Lebensraum und nur hier kann er leben. Freilich kann man auch kurzzeitige Expeditionen zum Himmel unternehmen. Aber nur in einer Hülle mit irdischer Atmosphäre darin. Wer es ohne sie versucht, der überlebt nicht. Alle, die in den Himmel wollen, meinen natürlich die Zeit nach ihrem Tod.

Wer dereinst in den Himmel gelangen will, der meint das Jenseits, das jeden Menschen einmal aufnimmt. Vor dem Eintritt in das Himmelstor werden die vielen Wünsche und Träume nochmal wach, die unsere Illusion nähren, wie schön es doch wäre, wenn wenigstens ein Wunsch noch für mich in Erfüllung gegangen wäre. Auf der Erde hat es nicht sein sollen. Wie es im Himmel sein wird, lässt sich von hier aus nicht sagen.

Der Himmel ist überall,

doch greifen können wir ihn nicht.

Der Ring im Ohr des Mannes

Es hat Zeiten gegeben, wo man sich nicht vorstellen konnte, dass Männer Ohrringe tragen. In der Mitte des vorigen Jahrhunderts hätte sich in Deutschland kaum ein Mann mit Ohrringen auf die Straße gewagt. Er wäre nicht nur ausgelacht worden, denn Ohrringe galten als unmännlich. Die Zeiten haben sich geändert.

Die meisten Männer haben nichts gegen Ohrringe. Aber bei vielen von ihnen ist der Ohrring immer noch Frauensache.

Man kann mit Bestimmtheit annehmen, dass Männer bei den Ersten gewesen sind, die vor undenklichen Zeiten begonnen haben, Ohrringe zu tragen. Das ergibt sich aus ihrer Mentalität. Vielleicht haben sie sogar die Frauen dazu verleitet, auch Ohrringe zu tragen. Man weiß es nicht. Es begann vor Jahrtausenden in mehreren Regionen der Erde, dass Männer und Frauen Gefallen daran fanden, ihre Ohren zu schmücken.

Unser gesichertes Wissen über den Ohrschmuck von Männern reicht bis mindestens in die Zeit der Pharaonen zurück.

Irgendwann muss es den Männern bewusst geworden sein, dass das Tragen von Ohrringen als Zeichen der Zierde wohl doch nicht so recht ihre Sache ist. Der von Männern getragene Ohrring nahm eher den Charakter eines Symbols an. Als Schmuck für Männer traten die Ohrringe allmählich in den Hintergrund. Diese Entwicklung hat sich von Anfang an nicht überall und nicht gleichzeitig, dafür aber auf unterschiedliche Weise vollzogen.

In Mitteleuropa hat sich die Situation so entwickelt, dass die Männer den Frauen für lange Zeit in Bezug auf den Ohrschmuck das Feld überlassen haben. Später hat sich der Brauch eingestellt, in manchen hauptsächlich von Männern ausgeübten Berufen oder in bestimmten Gegenden Ohrringe zu tragen, vorzugsweise als Einzelstücke, kaum als Paare.

Bei der beruflichen Zuordnung denken wir zum Beispiel an Seeleute, an Zimmerleute oder an Schäfer. Hier haben Traditionen eine Rolle gespielt, die sich im Wandel der Zeiten nicht mehr im gleichen Maße fortgesetzt haben oder in der Gegenwart nicht mehr erhalten geblieben sind.

In Adelskreisen, bei hohen Militärs und insbesondere auch in Kreisen von Kunst- und Kulturschaffenden des späten

Mittelalters und der anbrechenden Neuzeit hat es Männer gegeben, die Ohrringe trugen. Möglicherweise wurde der Ohrring in den meisten Fällen nur als Einzelohrring getragen. Das weiß man heute nicht mehr genau, weil uns Bildnisse von Männern aus dieser Zeit meist nur eine Gesichtshälfte der betreffenden Personen zeigen.

Bekannte Persönlichkeiten der letzten Jahrhunderte, die zumindest einen Ohrring trugen, sind zum Beispiel die Dichter William Shakespeare (*1564) und Franz Grillparzer (*1791), der Maler Rembrandt (*1606) und der Komponist Robert Schumann (*1810).

Nichts spricht dagegen, dass Männer Ohrringe tragen können, außer ihre asketische Verhaltensweise. In der Gegenwart ist das Erscheinungsbild des Mannes, der einen Ohrring trägt, recht geläufig geworden. Er trägt diesen Schmuck in der Regel in bescheidener Aufmachung. Dabei beschränkt er sich auf kleinere Schmuckstücke.

So bleibt den Frauen nach wie vor das Privileg erhalten, das ihnen gerechterweise zusteht, Ohrringe in allen Formen und Größen als Attribut ihrer Fraulichkeit zu tragen.

Ein Ohrring passt, wie man gemeinhin sagt, nicht zu jedem Mann, obwohl er manchem Mann gut zu Gesicht steht.

Es liegt nicht im Wesen des Mannes, mit Ohrringen den Frauen nachzueifern oder gar es ihnen gleichzutun.

Die Ohrringe tragenden Seefahrer, Hirten und Zimmerleute früherer und jüngerer Zeiten muss man wohl als Angehörige besonderer Berufsgruppen ansehen, denen man dafür Respekt bezeugt, dass sie lange Zeit und zum Teil bis in die Gegenwart eine Tradition gepflegt haben und pflegen, die man in anderen Berufen nicht kennt. Für solche Traditionen hat man immer wieder nach Erklärungen gesucht. Keine dieser Erklärungen konnte bisher überzeugen.

Heute wird altes Brauchtum von Entwicklungen überlagert, die in der Gegenwart geboren sind. Der Ohrring für Männer stirbt nicht aus. Besonders bei jungen Leuten zeichnet sich heute eine Hinwendung zum Ohrring ab, von der man noch nicht weiß, ob sie sich im Sande verlaufen wird oder in der Zukunft zu einer größeren Blüte führen wird.

Wie überall im Leben so gibt es auch hinsichtlich des Ohrschmucks für Männer unterschiedliche Meinungen, auch strickt negative Meinungen. Die muss es auch geben. Es überwiegen jedoch die positiven Meinungen, sonst würde sich die Schar der Männer mit Ohrring nicht so bemerkenswert vergrößern.

*

Was Männer mit einem eigenen Ohrring ausdrücken wollen, lässt sich kaum erklären. Gewiss finden sie diesen Schmuck schön. Doch sie tragen ihn nicht, um sich damit selbst zu gefallen. Manche wollen mit ihm auffallen. Es ist klar, wessen Aufmerksamkeit sie erregen wollen. Im Vordergrund steht jedoch zunächst die Selbstdarstellung. Seht mal her, was für ein Kerl ich bin! Doch damit allein kommen sie wohl bei den wenigsten Frauen an.

Es gibt für den Mann vielleicht auch noch andere Gründe, einen Ohrring zu tragen. Da ist zum Beispiel der Nachahmungstrieb. Man nimmt sich ernst genug, um zumindest in Hinsicht auf den Ohrring mit Shakespeare oder Rembrandt verglichen zu werden, die ihn ja auch trugen. Der Mann kann aber auch aus Liebe zu einer Frau sagen: ich werde einen Ohrring tragen, wenn du das möchtest.

Oder man tanzt nur aus der Reihe, indem man einen Ohrring trägt, obwohl die anderen das nicht tun. So etwas kann jedem passieren, auch dir und mir.

Alle diese individuellen Motivationen reichen freilich nicht aus, um den Ohrring des Mannes zu einer ganz normalen Erscheinung werden zu lassen. Männer mit einem Ohrring bleiben vorerst Individualisten, Einzelgänger. Soviel ist sicher: Sie sind und bleiben Vorreiter.

Was Frauen vom Ohrring für den Mann halten und ob er einen Ohrring tragen soll oder nicht, habe ich zu erfragen versucht. Das Ergebnis lautet: Die Meinungen sind geteilt.

Es heißt, die Männer seien schon immer das Hauptproblem der Frauen. Ob das tatsächlich so ist, kann bezweifelt werden. Sicher ist dagegen, dass die Männer mit einem Ring im Ohr dieses Hauptproblem nicht lösen. Lasst sie doch einen kleinen Ring oder Stecker im Ohr tragen. Es ist bestimmt gut gemeint.

Wenn Männer Ohrringe tragen, so geschieht dies mit einer etwas anderen Motivation als bei den Frauen. Was Frauen als Zierde und als traditionell schmückendes Beiwerk empfinden, hat bei Männern eher eine symbolische Bedeutung.

Was dieses Symbol im Einzelfall bedeutet, ist ehrlich gesagt nicht zu durchschauen. Ein Statussymbol, also ein Zeichen der Stellung in der Gesellschaft sind die Ohrringe bei Männern schon lange nicht mehr. Ist es ein neu erwachender Wunsch sich zu schmücken? Ist es nur das Bedürfnis, sich von anderen Geschlechtsgenossen abzuheben? Man weiß es noch nicht genau.

Der Ohrring für Männer hat sich als alltägliche Erscheinung noch nicht durchgesetzt. Doch was in alten Zeiten vielleicht einer Oberschicht vorbehalten war und später nur hier und dort auftrat, das scheint heute andere Formen und Inhalte zu bekommen, wenn auch in einem bescheidenen Rahmen und in bedächtigen Schritten.

Im öffentlichen Leben, besonders in konservativen Kreisen, wird der Ohrring für Männer oft gar nicht gern gesehen. Man hält ihn   trotz seiner Tradition immer noch nicht für zeitgem#ß.

Der Mann,

der einen Ohrring trägt,

eilt seiner Zeit ein gutes Stück voraus.

Braucht jemand Geld?

Alle Menschen brauchen Geld. Viele Leute wollen mehr Geld, ganz gleich ob sie es brauchen oder nicht. Dabei bräuchte man nur mehr Geld zu drucken und unter die Leute zu bringen, um alle mit einer großen Geldmenge auszustatten. So etwas ist schon manchmal geschehen, mit katastrophalem Ergebnis. Die Gefolgsleute um König Krösus, zu dessen Zeiten das Geld einst erfunden worden sein soll, würden sich entsetzt die Augen reiben.

Die Erfinder des Geldes wollten die Welt gewiss nicht in arm und reich teilen, denn Arme und Reiche gab es damals schon. Sie hatten vielmehr im Sinn, Handel und Verkehr zu beleben und den Austausch von Gütern zu erleichtern.

In ältesten Zeiten hatten sich die Menschen vorwiegend mit dem begnügt, was sie mit eigenen Händen schaffen oder erlangen konnten. Überzählige Produkte konnten sie nur zufällig in der näheren Umgebung eintauschen. Man achtete gewiss auf die Gleichwertigkeit der getauschten Produkte. Der Tausch selbst kam zustande, wenn ungefähr gleichwertige Produkte den Besitzer wechselten.

*

Es muss wohl wie eine Erlösung gewesen sein, als man auf die Idee kam, die beidseitige Gleichwertigkeit der Tauschobjekte durch die Zugabe eines Stücks edlen Metalls herzustellen. Dafür waren Gold und Silber am besten geeignet. An anderen Orten haben seltene Schnecken und Muscheln eine ähnliche Aufgabe erfüllt. Der Wert eines jeden in den Tausch gelangenden Geld- oder Silberstücks wurde in das jeweilige Stück eingeprägt. So könnten die ersten Münzen entstanden sein. Die Belebung des Handels war die selbstverständliche Folge dieser Bemühungen.

*

Ob es ein Unheil war, was dann seinen Lauf nahm, wollen wir in Frage stellen. Ganz pfiffige Leute kamen darauf, die im Handel zeitweilig nicht benötigten Münzen an andere

Personen zu verborgen. Die konnten damit zwischenzeitlich ihre Geschäfte machen oder Schulden begleichen. Nach einer vereinbarten Zeit mussten sie freilich die geborgten Münzen an die Eigentümer zurückgeben. Der <u>Kredit</u> war geboren.

Der Schuldner, der die Münzen zurückgab, entrichtete dem Gläubiger zum Dank natürlich einen kleinen zusätzlichen Betrag, den <u>Zins</u>. Sonst hätte sich das Geschäft für den Gläubiger gar nicht gelohnt.

Auf diese Weise konnte derjenige, der Münzen besaß, seine Münzen vermehren. Aus dem Geldverleiher wurde mit der Zeit ein wohlhabender Mensch. So war das schon im Mittelalter. Ein Schelm, der Böses dabei denkt.

*

Was damals mit den Münzen begann, entwickelte sich weiter. Wir leben heute in einer anderen Zeit. Da geht es nicht mehr so einfach zu. Wer hat nur das Wort von der Schuldknechtschaft erfunden? Der muss wohl von gestern gewesen sein.

Heute lassen viele Menschen Geld für sich arbeiten, wenn sie es haben. Gleichermaßen gibt es auch Menschen, die lassen Geld für sich arbeiten, das ihnen gar nicht gehört. Das ist tatsächlich möglich. Man muss nur eine gehörige Portion Mut zum Risiko haben.

Wer wie wir kleinen rechtschaffenen Leute diesen Mut nie gehabt hat, der hat sein Erspartes sorgsam zusammengehalten und dann zur Sparkasse getragen, damit diese für ihn weiter spart. Den Ertrag aus dem Sparvertrag konnte man sich teilen.

Theoretisch könnten alle Sparer Millionäre werden. Wer in Lohnarbeit steht und nur ein Leben lang spart, der schafft das nicht. Dazu braucht er mehr Zeit. Leider kann er auch nicht verhindern, dass immer etwas dazwischenkommt, und sei es nur die Geldentwertung. Die kann im extremsten Fall die Geldersparnisse des ganzen Lebens   zunichtemachen.

Trotz des hier versteckten Risikos beim Sparen lächeln wir jeden Menschen mitleidig an, der kein Geld begehrt. Wir wissen doch nicht, ob er schon genug Geld besitzt. Zu vermuten ist es allerdings nicht. Der merkwürdige Drang nach Geld und Gold, die einst gleichgewichtig erschienen, geht seit Generationen um. Goethe sagte im „Faust" vor mehr als zweihundert Jahren,

<u>„Nach Golde drängt, am Golde hängt</u>

<u>doch alles!"</u>

Warum sind Gold und gleichsetzbares Geld eigentlich so sehr begehrt? Natürlich wird jeder seine berechtigten Ansprüche an das Leben über das Geld befriedigen wollen. Das ist sein gutes Recht. Es gibt aber auch Menschen, denen das, was sie haben, nicht genügt. Sie leben und handeln nach dem Leitsatz: Man kann nie genug Geld haben.

Wenn man solche Leute gewähren lässt, so ist die Folge, dass eine Menge Geld in ihren Händen zusammenläuft. Die Wege zur Konzentration von Geld sind vielfältig.

<u>Geld heckt Geld.</u>

Das ist eine landläufige Redensart für das in einer Hand oder in wenigen Händen gesammelte und sich weiter vermehrende Geld.

Da Geld nicht vom Himmel fällt, sondern von Menschenhand geschaffen und angewendet wird, entwickelt sich in der Tendenz ein Mechanismus, dem zufolge Geld zum Gelde strömt und zu den Habenichtsen nur hin tropft. Die wohlbekannte Schere im Wohlstand zwischen Arm und Reich geht weiter auf.

Dieser Prozess wird durch die Geldentwertung sichtlich gefördert. Im schlimmsten Fall nennt man so etwas <u>Inflation</u>. Die Geldentwertung hatte ihre offensichtlichen mittelalterlichen Repräsentanten bei den Kippern und Wippern. Da konnte man noch erkennen, wo das gute Geld bleibt, wenn sie am Werk waren, nämlich an der Verschlechterung der Qualität der Münzen.

Bei der heutigen Geldentwertung erkennt man das nicht mehr. Da meint man, dass der Teufel unter dem Spieltisch sitzt und sich von jedem im Verkehr befindenden Geldschein einen Teil vom Geldwert einbehält. Das ist wohl tatsächlich so.

Man könnte darüber nachdenken, warum die umlaufenden Geldscheine immer mehr werden, während doch bei den Kippern und Wippern die Münzen immer kleiner wurden. Das müssen sie schließlich auch, wenn die Löhne und die Preise steigen, sagt sich der ahnungslose Betrachter der Szene. Es ist unschwer zu erraten, warum alle dabei verlieren. Die einen verlieren freilich mehr und die anderen weniger.

Fachleute meinen, dass eine Geldentwertung von jährlich zwei Prozent völlig normal sei. Wenn das zuträfe, dann wäre ein Jahreszins von zwei Prozent auf meine Geldersparnisse kein Grund zum Sparen. Im Gegenteil.

Die Geldentwertung betrifft keineswegs nur das Spargeld. Es handelt sich um ein gesamtgesellschaftliches Problem, von Menschen geschaffen.

Sollen die Menschen das Geld unter diesen Umständen abschaffen? Sollen sie den Kredit oder den Zins abschaffen? Oder sollen sie sich darauf beschränken, die Inflation abzuschaffen? Nichts davon ist denkbar. Es bedarf der gerechteren Verteilung des Einkommens aller auf alle.

Wenn an allem ein wenig herumgedoktert wird und die Reichen noch reicher werden, dann trübt sich der Blick in die Zukunft.

Wenige werden viel gewinnen,

wenn alles so bleibt wie es ist.

Zeit für immer

Ihr könnt an den Zeigern der Uhren so viel stellen wie ihr wollt. An der Zeit ändert sich nichts. Die Sonne geht bei uns im Sommer früher auf als im Winter. Und zwar um mehr als eine umstrittene Stunde.

Viele Menschen haben kein Verständnis dafür, dass unsere Uhren zweimal im Jahr vorgestellt und zurückgestellt werden. Die innere Uhr des menschlichen Körpers, die ohne Zeiger läuft und unseren täglichen Lebensrhythmus regelt, wird so behandelt, als gäbe es sie nicht. Bei manchen Menschen geht die innere Umstellung auf die angeordnete Zeit schnell, bei anderen langsamer vonstatten. Warum tun wir uns das an?

Sommer und Winter hat es hierzulande schon immer gegeben. Die von den Menschen erfundene Sommerzeit und Winterzeit sind wohlklingende Bezeichnungen für das, was in Kriegszeiten einst vorteilhaft erschien. Man wollte damals den Verbrauch von elektrischer Energie für die Beleuchtung verringern. Ob dies gelang, blieb lange Zeit umstritten. Die seinerzeit genannte Begründung kann heute vernachlässigt werden. Daraus resultiert auch der Beschluss von Regierungen europäischer Länder, die Einteilung des Kalenderjahres in Sommerzeit und Winterzeit abzuschaffen.

Es ist eine alte Weisheit, dass man sich leichter auf das einigt, was man nicht will , als auf das, was man will. Der seit Jahren gepflegte Meinungsaustausch darüber, ob man die bisherige Sommerzeit oder Winterzeit zur dauerhaften Normalzeit erklären soll, bleibt wohl noch lange bestehen, wenn kein Sinneswandel eintritt.

Ob die Zeiger der Uhren beim Aufstehen auf der 6, auf der 7 oder gar auf halb 7 stehen, ist mir ganz gleichgültig, wenn ich nur meinen täglichen Pflichten pünktlich nachkomme. Man möge nur, bitte, nach einem halben Jahr nicht wieder an meiner inneren Uhr rütteln. Ich weiß, dass die Eisenbahn und einige andere da etwas anders denken.

Wenn die Vertreter der beiden Meinungen nur je 30 Minuten zugeben würden, wäre die Lösung denkbar, die einer alten Weisheit folgend besagt:

Die Uhr-Zeit ist vermittelbar.

Ein wenig Schmuck für die Nase

Der Gedanke ist nicht neu. Der Schmuck für die Nase hat in der Welt eine ähnlich lange Tradition wie der Ohrschmuck. Bei uns rückt der Wunsch, die Nase ein wenig zu verzieren, allmählich in das Blickfeld. Doch er ist bei unseren Frauen noch nicht so weit verbreitet wie in anderen Ländern.

Seit einigen Jahren haben sich bei uns manche Frauen für den Nasenschmuck entschieden. Es sind nicht nur aber meist Frauen der jüngeren Generation, die den Zauber dieses Schmucks für sich entdeckt haben. Wie lässt sich ihr erwachtes Interesse für den Schmuck der Nase erklären?

Die Tradition des Schmückens der Nase hat ihren Ursprung in afrikanischen, asiatischen und sudpazifischen Ländern, auch in

Lateinamerika. In Südasien, also in Indien und den umliegenden Ländern gehört der Nasenschmuck der Frauen in vielen Regionen zum Alltag. Dort hatte er schon vor einem halben Jahrtausend einen festen Platz. Zu dieser Zeit war er im europäischen Raum weniger oder gar nicht bekannt.

Das Schmücken der Nase war für die meisten Frauen in Europa etwas Unbekanntes, während der Ohrring schon lange verbreitet war. Der Nasenschmuck hatte die Europäerinnen vor Jahrhunderten wohl kaum erreicht. So ist es für lange Zeit geblieben. Jetzt ändert sich das Bild.

Heute ist der Schmuck für die Nase vielen jungen Frauen keine unbekannte Erscheinung mehr. Schließlich geht man in unserer Zeit mit offenen Augen durch die Welt. Und das öffnet den Blick für Dinge, die man früher für unwahrscheinlich gehalten hat.

Du wirst gewiss die Frauen etwas aufmerksamer betrachten, die dir mit Nasenschmuck begegnen, sei es auf der Straße oder auf dem Fernsehbildschirm. Die mit einem kleinen Schmuck verzierte Nase ist für uns nichts Ungewöhnliches mehr. Wir schauen gern hin.

Wenn wir diesen Schmuck etwas genauer betrachten, so stellen wir fest, dass er bei so vielen Eigenheiten doch dem

Ohrschmuck ähnlich ist. Er erweist sich, wie der Ohrring auch, als ein Schmuck, der das Gesicht schöner und interessant macht. Er unterscheidet sich vom Ohrring hauptsächlich dadurch, dass er meistens nicht als Paar getragen wird. Hinzu kommt, dass er im Allgemeinen kleiner ist als der Ohrring.

Dieser Schmuck kann an mehreren Stellen getragen werden, nämlich im Nasenflügel und in der Nasenscheidewand. Da er seit undenklichen Zeiten getragen wird, ist es denkbar, dass er anfangs in der Nasenscheidewand getragen wurde. Seit mehreren Jahrhunderten hat er weite Verbreitung als kleiner Knopf im Nasenflügel gefunden, meist auf der linken Seite. Hier findet man ihn mitunter auch als kleinen Ring. In früheren Zeiten gab es ihn oft als größeren Ring in einem Nasenflügel.

Neben dem Knöpfchen im Nasenflügel wird dieser Schmuck bei uns jetzt häufiger als Ring in der Nasenscheidewand getragen. Hier hat er einen sehr kleinen Durchmesser. Er wird als Ring gern mit Verzierungen versehen.

Der Ring in der Nasenscheidewand kann nach unten offen sein. Er ist dann zweifelsfrei eingezogen und nicht angeklemmt. Wichtiger aber ist, dass man ihn je nach Situation und Stimmung sichtbar tragen kann. Oder man verbirgt ihn, indem man ihn entlang der Nasenscheidewand in der Nase nach oben klappt. Wie viele Frauen davon Gebrauch machen, ist ein Geheimnis. Das können angesehene Frauen aus Film und Fernsehen bestätigen.

Natürlich wird der Nasenschmuck auf eine etwas andere Art befestigt als der Ohrring. Die Befestigungen sind den Gegebenheiten der Nase angepasst und bewirken, dass der Schmuck kaum verloren gehen kann. Selbstverständlich kann der Schmuck für die Nase auch abgelegt und gewechselt werden. Für den Alltag wird er wohl seltener gewechselt als der Ohrschmuck.

Für viele Frauen ist es heute noch eine Herausforderung, sich mit einer Zierde für die Nase zu beschäftigen. „Das kommt für mich überhaupt nicht in Frage", lautet ein gelegentliches Echo. Andere Stimmen sind optimistischer: „Ich überlege noch." Eine in der Gesprächsrunde aber könnte durchaus sagen:

„Seht mal! Ich habe mich getraut."

Gespenster müssen sein

Die meisten Menschen behaupten, dass sie nicht an Gespenster glauben. Das mag zutreffen. Aber es ist keine Glaubensfrage. Ob du an Gespenster glaubst oder nicht, sie begleiten dich dein ganzes Leben lang.

Es fängt schon in der frühen Kindheit an. Da treten sie in den Kindermärchen auf, fein säuberlich sortiert in Gute und Böse. Ob du an sie glaubst oder nicht, du standest immer auf der Seite der Guten. Etwas anderes war es in dem *Märchen von einem, der auszog, das Gruseln zu lernen*. Da konntest du nur eine Partei ergreifen, nämlich die des Grusel-Lehrlings. Diese Parteinahme regte dich dazu an, ebenfalls das Gruseln zu lernen.

Später kam die allseits beliebte Gespensterbahn auf den Volksfesten hinzu. Die konnte dir freilich keine Gespenster herbeizaubern. Sie konnte dich nur mit ihren Bildern überraschen.

Vielleicht leiten manche Menschen davon die Vorstellung ab, dass sie uns etwas Angenehmes antun, wenn sie uns überraschen oder gar erschrecken. Dabei liegt doch der Spaß an jeder Überraschung eher beim Täter als beim Opfer.

Wenn wir die Spur der wahren Gespenster aufnehmen und verfolgen, dann brauchen wir gar nicht so weit zu gehen. Gegen Mitternacht werden sie mobil, die Gespenster. Wir werden Zeugen eines regen gespenstischen Geschehens. Da beginnt die Gespensterstunde, die genau sechzig Minuten andauert. Man kann die Bilder, die da erscheinen, nicht beschreiben. Man sieht sie gar nicht deutlich. Geht doch mal zu dieser Zeit allein an einer Friedhofsmauer entlang. Oder seht mal hinter diese Mauer.

Am wirkungsvollsten ist die Gespensterstunde, wenn der Wind auffrischt und der Mond nur hin und wieder durch die schnell dahinziehenden Wolkenfetzen scheint. Auch das Knarren einer Tür oder der Pfiff einer Lokomotive in der Ferne kann die nächtliche Stimmung noch anheben. Andere Geräusche sind zulässig, aber bitte nicht alle zugleich. Ein Kater darf mauzen.

Wetten, dass dich da ein leichtes Gruseln beschleicht. Unter diesen Umständen kann sich die Gespensterstunde noch auf den Heimweg ausdehnen, obwohl sie Punkt eins schon beendet war.

Angenehm ist diese Stunde auch, wenn man eine Nacht im Wald verbringt. Ein Jugenderlebnis will ich hier nicht noch einmal erzählen. Es war aber nichts Schlimmes.

Die Zweifel an der Existenz von Gespenstern wollen nicht vergehen: Was haben Geister eigentlich mit Gespenstern zu tun? Diese Frage ist ernst gemeint, findet aber kein Gehör. Sie geistert immer wieder in meinem Kopf herum, seit ich Goethes *Zauberlehrling* klagen hörte: *„Die ich rief, die Geister, werd' ich nun nicht los."* Sind denn die Geister etwas anderes als die Gespenster?

Die Geister werden mitunter auch als Geistwesen bezeichnet, vielleicht in Anlehnung an die Lebewesen. Sie leben also nicht wirklich, sondern erscheinen den Menschen nur im Geist.

Mit den Gespenstern verhält es sich nicht anders. Beim genaueren Hinsehen entpuppt sich das Gespenst als ein Gespinst. Das ist etwas, was der Mensch ersponnen hat. Das ist ebenso kein Lebewesen, sondern eine Erscheinung in der Vorstellung des Menschen. Wir erkennen diese Erscheinung in der Gestalt von Elfen, Engeln, Feen, Trollen, Kobolden,

Klabautermännern und anderen nichtwirklichen Wesen. Oder hat jemand auch nur einen von ihnen gesehen, gesprochen oder gar mit Handschlag begrüßt?

Jedes dieser Wesen hat eigene Aufgaben. Am meisten aber macht uns die Vielzahl der Gespenster zu schaffen. Von ihnen weiß man zwar, dass es sie gar nicht gibt. Dennoch sind sie allgegenwärtig. Sie erschrecken dich mit deinem eigenen Schatten, lassen dich mit deinen eigenen Ohren Stimmen bekannter und unbekannter Personen hören, machen sich in der Holzkonstruktion alter Dachstühle geräuschvoll zu schaffen und sie lassen dich auch mal einfach Schritte hören, die sich erst viel später als Wassertropfen erweisen.

Eine beliebte Art sich bemerkbar zu machen ist auch das Verrücken von Gegenständen in der Wohnung, die man nicht an der Stelle wiederfindet, wo man sie wohl abgelegt haben könnte. Manchmal hat man das sichere Gefühl, dass der Teufel die Hand im Spiel hat, zum Beispiel dort, wo die Tür wieder offensteht, obwohl man sie gerade zugeklinkt hatte.

Was hilft es! Wir müssen mit den Gespenstern und Geistern leben, wieviel es auch sein mögen. Kritischer wird es freilich in den Fällen, wo man zwischen Wirklichkeit, Traum und Fantasie nicht mehr deutlich unterscheiden kann. Wehret den Anfängen!

Ich bin in meinem langen Leben so vielen Dingen und Erscheinungen begegnet, von denen ich nie angenommen hätte, dass es so etwas gibt. Warum soll mir noch kein Gespenst begegnet sein, dass ich nur nicht gesehen habe, weil ich es nicht sehen konnte?

Was wäre das menschliche Leben

ohne Gespenster?

Das Monogramm von gestern

ist heute ein Tattoo

In den dreißiger Jahren des vorigen Jahrhunderts ist mir erstmals ein Monogramm aufgefallen, das sich nicht auf der Kleidung oder der Wäsche befand. Das war ein $\mathcal{M}$ und kaum einen Quadratzentimeter groß. Der Buchstabe gehörte Tante Mariechen. Sie trug ihn am Unterarm oberhalb des Handgelenks. Er hatte einen dunkelblauen Farbton. Wie sie da drangekommen war, weiß ich nicht. Alle standen um die Tante herum und bestaunten den nichtabwaschbaren Buchstaben. Einige schüttelten den Kopf. Anscheinend hatte noch niemand so etwas gesehen.

Jahrzehnte vergingen, ehe ich wieder eine Tätowierung zu sehen bekam. Heute sind Tätowierungen keine Seltenheit und keine neumodische Erscheinung. Aber sie sind bei uns früher so unauffällig oder so selten getragen worden, dass sie mir viele Jahre lang überhaupt nicht aufgefallen sind.

Der Ursprung des Brauchtums der Tätowierung wurde immer in der Südsee vermutet, in der Region also, die für Europäer am Ende der Welt liegt. Das ist auch erklärlich. Wann gelangte schon mal eine tätowierte Person von dort nach Europa.

Das sollte sich freilich ändern, als die christliche Seefahrt auch die entferntesten Winkel der Erde erreichte. Seeleute brachten zuerst vereinzelt, dann in zunehmendem Maße von ihren Reisen Tätowierungsmale mit nach Hause. Schließlich trugen viele Seeleute, die etwas auf sich halten, wenigstens ein Tattoo. Das Wort Tattoo ist die englische Bezeichnung für Tätowierung.

Die Tätowierung hat es offenbar schwer gehabt, von der Küste, wo die meisten Seefahrer zu Hause sind, in das Binnenland vorzudringen. Wie andere Schmuckarten hat sie sich schließlich doch überall durchgesetzt.

Doch was rede ich hier. Wie staunte doch die ganze Welt, als vor Jahren eine Person aus der Tiefe der Vergangenheit auftauchte, die den unwiderlegbaren Beweis lieferte, dass es die Tätowierung schon vor mehreren Jahrtausenden in Europa gegeben hat. Das war der weltweit bekannt gewordene Ötzi, den man in den Ötztaler Alpen an einem Gletscher fand und der unverkennbare Tätowierungsmale trug.

Dass das Tätowieren ein alter Brauch ist, steht außer Frage. Auch kann nicht jede Tätowierung im landläufigen Sinne als Schmuck angesehen werden. Die Grenze zwischen der Gestaltung und der Verunstaltung der Körperhaut ist fließend. Und nichts macht die Tätowierung problematischer als die unterschiedlichen Empfindungen der Betrachter.

Wenn die Grenze zwischen dem schmückenden und dem verunstaltenden Charakter des Tattoos veränderlich ist, dann brauchen wir auch nicht der Frage nachzugehen, wo denn diese Grenze verläuft. Es wird immer einen Streit darüber geben, was an einer Tätowierung geschmackvoll und was geschmacklos ist. Das ist der Pferdefuß der Tätowierung. Darin unterscheidet sie sich von allen anderen Schmuckarten.

Jeden anderen Schmuck kann man anlegen und ablegen, wenn er passt oder nicht passt. Die Tätowierung aber bleibt erhalten, ganz gleich in welcher Aufmachung sie in Erscheinung tritt. Wer nicht riskieren will, ein Leben lang mit unschönem Schmuck auf der Haut durch die Welt zu gehen, der lasse die Finger von fragwürdigen Experimenten.

Zum Glück gibt es gut gelungene Tätowierungen in Fülle. Auch sie sind nicht abnehmbar. Sie können gleichermaßen so getragen werden, dass sie auffällig oder unauffällig sind. Sie können auch nur nach eigenem Dafürhalten gezeigt werden oder nicht. Das geschieht mit Hilfe der Bekleidung und der Frisur.

Man sollte meinen, dass eine kleine Tätowierung, wenn sie gut gelungen ist, einen Körper verschönern kann. Doch das ist immer noch eine Frage der persönlichen Abwägung, also des eigenen Geschmacks.

Und damit rückt ein weiterer Aspekt in das Blickfeld. Warum wird eine Tätowierung überhaupt als Schmuck getragen?

Schmuck soll gezeigt werden, um sich zu verwirklichen. Bekleidung und Frisur können dies mitunter verhindern, wiewohl auch sie manchmal den Charakter eines Schmucks annehmen können.

Wenn es auch das höchste Privileg jedes Körperschmucks ist, in der Öffentlichkeit gezeigt zu werden, so steht es doch jedem Menschen zu, sich selbst an seinem Schmuck zu erfreuen. Die eigene Tätowierung kann uns da in Verlegenheit bringen, wenn sie vom eigenen Gesicht aus gar nicht oder nur schwer zu erkennen ist. Natürlich kann ein Spiegel hilfreich sein. Aber die mit der Hand anfassbare Kette am Hals und der pendelnde

Ring am Ohr vermitteln doch ein anderes Gefühl von erlebtem Schmuck als das Bewusstsein, irgendwo am Körper an nicht erkennbarer Stelle eine Tätowierung zu besitzen.

Zurückschauend auf das lange bewahrte Wissen um einen winzigen Buchstaben auf der Haut einer schönen Frau kann man wohl sagen:

Ein kleines Hautmerkmal

kann edlen Schmuck ergänzen.